멋과 맛, 義와 禮가 살아 숨 쉬는 광주,
그곳에 당신만의 빛을 더하는 특별한 힐링여행……

도시의 모습은
사람만큼이나 다양하고 각자의 새로운 매력을 건네고 있습니다.

광주라는 도시는 여러분에게 어떤 말을 건네고 있나요?

우리는 광주의 매력을 담은 '다정다감 : 광주스크래치여행'을 통해
소박하지만 정겹고 화려하게 밖으로 드러나지는 않지만
들여다보면 볼수록 은은한 빛을 품고 있는
광주의 눈부신 감동을 스크래치여행에 담아내고자 했습니다.

스크래치 전용 펜으로 검은 장막을 걷어내면

하나씩 모습을 드러내는 광주만이 반짝이는 풍경들

세상 가장 빛나는 '광주스크래치여행'이 지금 시작됩니다.

다정다감 感 : 광주스크래치여행

조선대학교 장미축제

남도한정식

광주양림교회 / 오웬기념각

광주 폴리 | / 열린장벽

국립아시아문화전당

세계광엑스포주제관

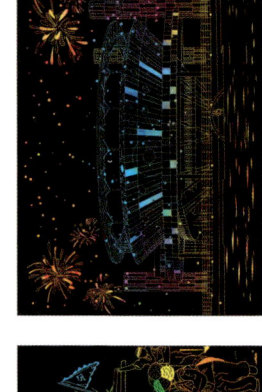
고싸움놀이 축제

1913송정역시장

광주천

국립아시아문화전당 야경

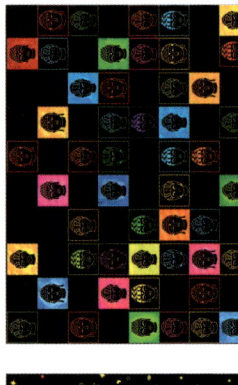
부처 _ 정운환

흙벽당에 살다 _ 정선환

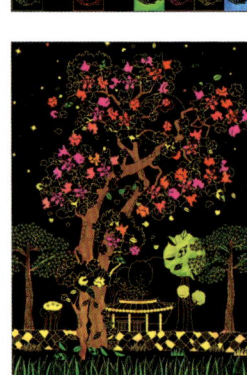
고흐의 꽃피는 아몬드 나무 _ 이이남

물소리바람소리 _ 손봉채

이이남 _ 녹서산방

다가닿는 情感 사용 설명서

: 광주스크래치여행

스크래치 북 사용법

1. 다정다감 : 광주스크래치 중 작품을 골라 떼어내세요.
2. 스크래치 펜을 이용해 회색 밑그림을 따라 긁어냅니다.
3. 펜을 세워서 사용하면 가는 선이 나와서 사용하면 굵은 선을 스크래치 할 수 있습니다.
4. 긁힌 부분에 빛이 켜지듯 밝게 표현됩니다.
5. 완성된 스크래치는 액자에 넣거나 벽에 걸어 감상하세요.

스크래치 북 주의사항

1. 직사광선이나 화기 가까이 두지 마세요.
2. 날장으로 내지 낱은 상태로 너무 힘주어 긁어내면 뒷장에 자국이 남을 수 있습니다.

※ 스크래치 펜이 동봉되어 있습니다.

다정다감(情感) : 광주스크래치여행

초판 1쇄 발행 2017년 5월 1일

펴 낸 곳	 에스마이스연구원 주식회사 S-MICE Institute Co., Ltd
기 획	박형연
편 집	이진아
디 자 인	심미희, 황정은, 김지영, 도지원
마 케 팅	박창욱, 우인애, 송근
제작·지원	 문화체육관광부  광주광역시 GWANGJU CITY kocca 한국콘텐츠진흥원  ITCT 광주정보문화산업진흥원
문 의	광주광역시 북구 첨단과기로 123, 광주과학기술원 창업진흥센터 T. 062-972-9650 F. 062-972-9651 E. info@s-mice.co.kr www.s-mice.co.kr / www.djdg.co.kr
등 록	2016년 3월 23일 제2016-0007호
I S B N	979-11-960550-3-5 (03650)

- 이 책에 수록된 글과 도판을 포함한 모든 내용은 저작권자와 협의 없이 무단 전재와 복제를 금합니다.
  파손 및 잘못 만들어진 책은 교환해 드립니다.
- 이 도서의 국립중앙도서관 출판예정도서목록(CIP)은 서지정보유통지원시스템 홈페이지(http://seoji.nl.go.kr)와
  국가자료공동목록시스템(http://www.nl.go.kr/kolisnet)에서 이용하실 수 있습니다. (CIP제어번호 : CIP2017009670)

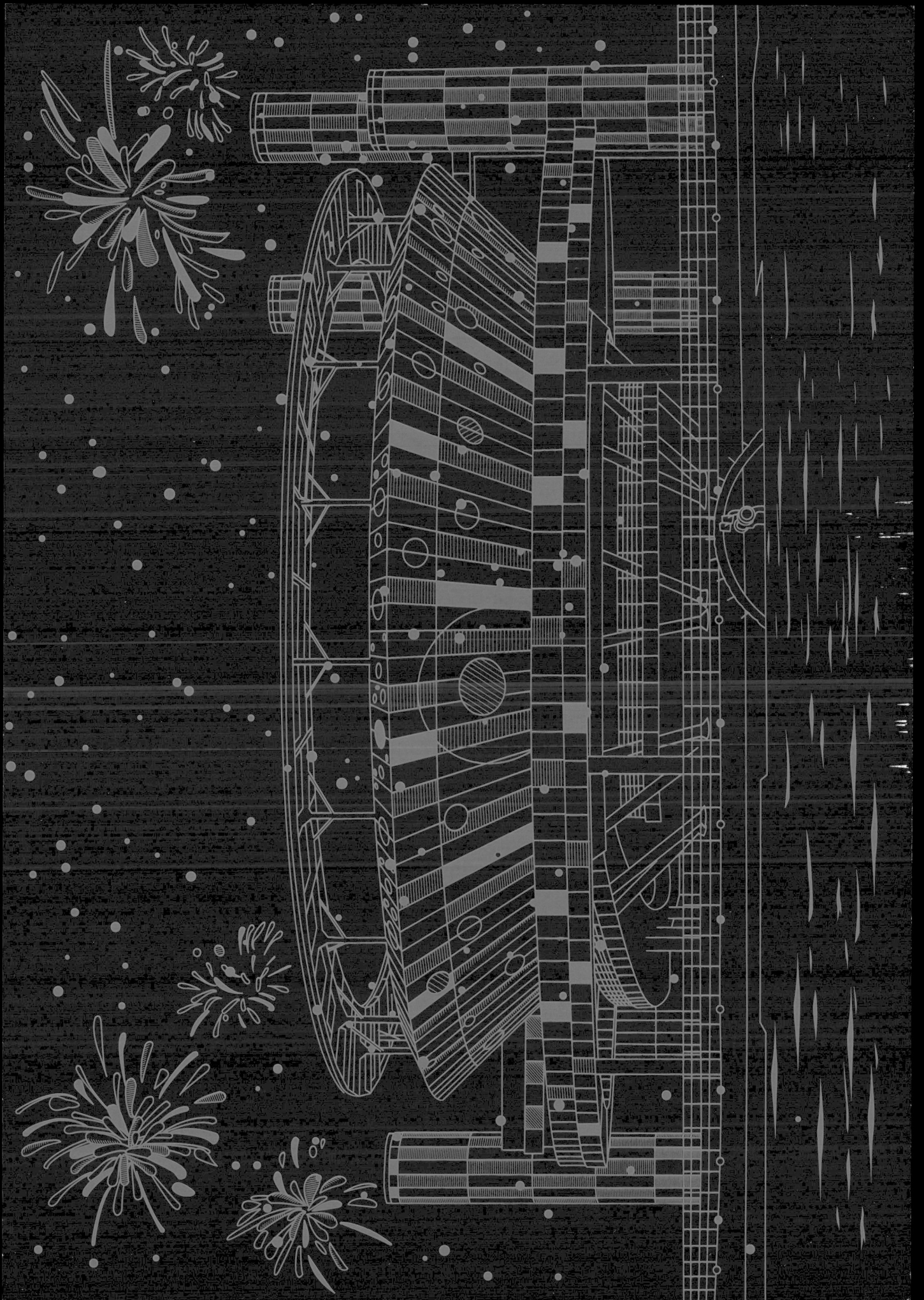

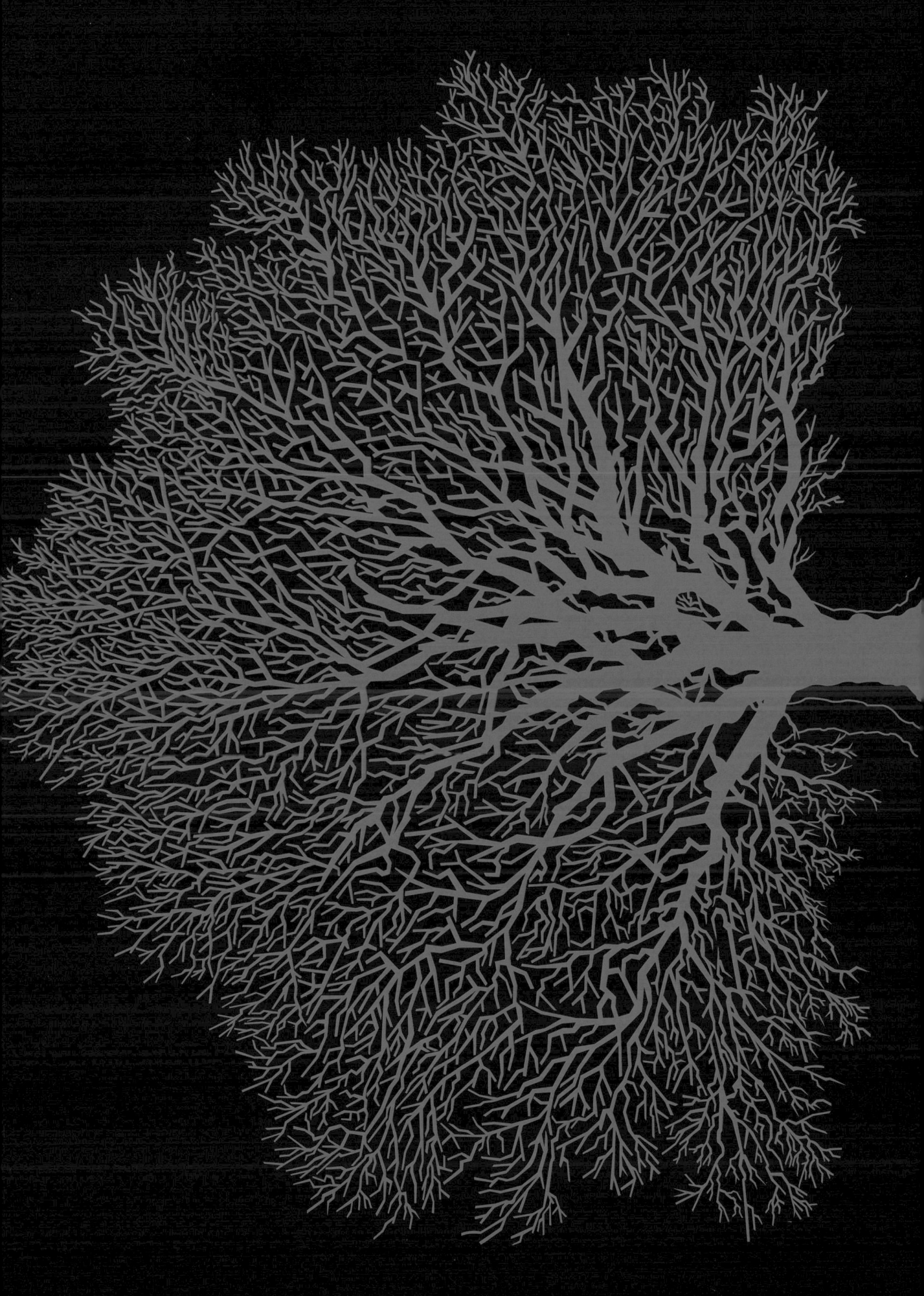